SUR GRIN VOS CONNAISSANCES SE FONT PAYER

- Nous publions vos devoirs
  et votre thèse de bachelor et master

- Votre propre eBook et livre –
  dans tous les magasins principaux du monde

- Gagnez sur chaque vente

Téléchargez maintentant sur www.GRIN.com
et publiez gratuitement

Bibliographic information published by the German National Library:

The German National Library lists this publication in the National Bibliography; detailed bibliographic data are available on the Internet at http://dnb.dnb.de .

This book is copyright material and must not be copied, reproduced, transferred, distributed, leased, licensed or publicly performed or used in any way except as specifically permitted in writing by the publishers, as allowed under the terms and conditions under which it was purchased or as strictly permitted by applicable copyright law. Any unauthorized distribution or use of this text may be a direct infringement of the author s and publisher s rights and those responsible may be liable in law accordingly.

Imprint:

Copyright © 2005 GRIN Verlag, Open Publishing GmbH
Print and binding: Books on Demand GmbH, Norderstedt Germany
ISBN: 978-3-668-10998-8

This book at GRIN:

http://www.grin.com/fr/e-book/188969/moliere-s-le-bourgeois-gentilhomme-une-presentation

Sabine Picout

Molière's "Le Bourgeois Gentilhomme". Une Présentation

GRIN - Your knowledge has value

Since its foundation in 1998, GRIN has specialized in publishing academic texts by students, college teachers and other academics as e-book and printed book. The website www.grin.com is an ideal platform for presenting term papers, final papers, scientific essays, dissertations and specialist books.

Visit us on the internet:

http://www.grin.com/

http://www.facebook.com/grincom

http://www.twitter.com/grin_com

Molière: Le Bourgeois Gentilhomme

Bonjour Mesdames,
J'aimerais commencer par me présenter brièvement. Je m'appelle Sabine Picout.
Je suis étudiante en droit et en translation à l'université d'Innsbruck.

Aujourd'hui, je vais parler de la pièce « Le Bourgeois Gentilhomme » de Jean-Baptiste Poquelin, plus connu sous le nom de Molière.
J'ai choisi ce sujet parce que j'ai apprécié la critique émanant de cette œuvre.

C'est pourquoi j'aimerais, en vous présentant la pièce, d'une part vous expliquer cette œuvre très connue et d'autre part vous faire partager et mes impressions et mon enthousiasme.

Ma présentation est divisée en 5 parties. (le plan)
Dans la première partie, je veux vous donner un bref aperçu de l'arrière-plan historique de la pièce.

Dans la deuxième partie, j'aimerais vous présenter globalement le personnage principal de la pièce.

Dans la troisième partie, j'aimerais vous expliquer la structure de l'œuvre.

Dans la quatrième partie, je voudrais documenter les raisons pour lesquelles la pièce était d'actualité au 17e siècle et pourquoi elle l'est encore au 21e siècle.

Dans la cinquième partie, qui sera ma conclusion, j'aimerais résumer les points principaux de ma présentation.

N'hésitez pas à m'interrompre si vous n'avez pas compris quelque chose. Si, par contre, vous avez des questions vous pourrez me les poser à la fin de ma présentation.

Partie 1 : l'arrière-plan historique

Commençons donc par situer la pièce dans le contexte historique de l'époque. Reportons-nous par la pensée au dix-septième siècle, plus précisément en l'an 1670, à une époque dominée par le grand roi Louis XIV, le « Roi Soleil ».

image

Entrons dans le théâtre qui abrite de nos jours la Comédie-Française et que Monsieur, le frère du Roi, avait offert 12 ans plus tôt, en 1658, à un certain Molière, de son vrai nom Jean-Baptiste Poquelin, qui désirait s'établir à Paris pour représenter ses œuvres devant la Cour du Roi. **image**

Pour mieux comprendre la pièce, il faut nous concentrer sur le statut de la noblesse de l'époque : Celle-ci est en train de perdre peu à peu son rôle traditionnel qui consiste à cultiver et à financer les arts. En effet, les nobles, qui sont privés de tout pouvoir politique par un roi absolutiste, sont en plus criblés de dettes, résultat de leur vie de luxe et d'amusement, de sorte qu'il ne leur est plus possible de financer la vie artistique. La conséquence en est qu'ils doivent emprunter de fortes sommes d'argent aux bourgeois riches auxquels la culture importe peu.

Résumons donc:
Le gentilhomme noble sans argent fréquente le bourgeois inculte.
Allons plus loin:
Le gentilhomme noble cherche à conserver son niveau de vie alors que le bourgeois riche tente de s'acheter la culture pour se faire gentilhomme par l'argent.

Tels sont donc le sujet et les bases de la critique contenue dans cette pièce de Molière dont je vais maintenant vous faire un court résumé.

Partie 2 : Le résumé de la pièce

Fixons d'entrée notre attention sur Monsieur Jourdain, le personnage principal, un bourgeois enrichi qui a honte de son origine de marchand de drap. Pour parvenir à la dignité supérieure d'homme de qualité, autrement dit de gentilhomme, il prend des maîtres pour apprendre les bonnes manières de la Cour. Comme M. Jourdain est un de ces bourgeois incultes que j'ai mentionnés plus haut, il est évident que les maîtres profitent de sa naïveté et de sa simplicité pour l'exploiter, au grand désespoir de Madame Jourdain, sa femme, et de Nicole, sa servante, qui critiquent ses desseins.

Le comble est que M. Jourdain est amoureux fou d'une prétendue marquise, Dorimène. Pour lui prouver son amour, il lui fait apporter des cadeaux par un comte douteux et sans argent, Dorante. Ce dernier qui est, en réalité, l'amant de la marquise, trompe M. Jourdain et fait comme si les cadeaux venaient de lui.

Aveuglé par sa folie des grandeurs, M. Jourdain refuse à Cléonte, un jeune bourgeois, la main de sa fille Lucile parce qu'il veut absolument qu'elle épouse un noble. Covielle, valet de Cléonte, invente alors un stratagème : Il présente à M. Jourdain Cléonte déguisé en fils du Grand Turc qui, sous ce déguisement, lui demande la main de sa fille. Flatté, M. Jourdain donne son consentement et il est élevé par son gendre à la dignité de « mamamouchi ».

Pour l'instant, il suffit de savoir que M. Jourdain, trop naïf et trop borné, est trompé par son entourage sans qu'il s'en doute.

Maintenant que nous avons mis à jour, sous forme de résumé, l'évolution du personnage principal, posons-nous la question suivante :

De quoi s'agit-il vraiment ?

Essayons de percer la structure de la pièce.

Partie 3 : La structure de la pièce

TRANSPARENT :

ACTE I : deux scènes et, à la fin, le premier intermède avec musique et danse

ACTE II : cinq scènes et, à la fin, le deuxième intermède avec musique et danse

ACTE III : 20 scènes et, à la fin, le troisième intermède avec musique et danse

ACTE IV : 8 scènes et, à la fin, la cérémonie turque se composant de 5 ballets avec musique, chant et danse

ACTE V : 7 scènes et, à la fin, le ballet des nations

Qu'en déduisons-nous ? Cette pièce est une comédie-ballet qui consiste à mélanger un texte, qui a pour fonction de critiquer, et un ballet, qui a pour fonction [par ses danses, sa musique et ses chants] de divertir.

Les deux premiers actes :

Voyons maintenant les deux premiers actes que nous traiterons ensemble car ils forment un tout. En effet, les deux premiers actes nous montrent Monsieur Jourdain, ses maîtres et son tailleur

L'acte un s'ouvre sur la préparation du ballet que M. Jourdain veut offrir en cadeau à la marquise Dorimène et se ferme par le premier intermède.

Quand M. Jourdain désire apprendre à faire la révérence, entrent sur scène le maître d'armes et le maître de philosophie.
Une bagarre éclate entre tous les maîtres à cause de leurs arts à laquelle M. Jourdain refuse de prendre part. (acte2)

Insistons alors sur le point suivant : Monsieur Jourdain, qui est tellement avide de savoir, devient peu à peu ridicule par ses gestes (par exemple par ses essais de faire une révérence).

Dans la scène suivante, qui est, à mon avis, l'une des plus comiques de la pièce, le maître de philosophie propose à M. Jourdain de lui enseigner la logique, la morale et la physique. Mais M. Jourdain, notre bourgeois sans culture générale, préfère l'orthographe car il veut savoir rédiger un billet doux à Dorimène (acte II, scène 4).

TEXTE : Extrait de la scène 4 de l'acte II
Un bref aperçu de la leçon sur les voyelles et sur les consonnes avec un Monsieur Jourdain qui s'efforce d'apprendre avec application et enthousiasme. Je vais vous citer un exemple et vous mimer l'attitude de M. Jourdain.
…
Maître de philosophie : Et la voix I, en rapprochant encore davantage les mâchoires l'une de l'autre, et écartant les deux coins de la bouche vers les oreilles : A, E, I.
M. Jourdain : A, E, I, I, I, I. Cela est vrai. Vive la science.
Maître de philosophie: La voix O se forme en rouvrant les mâchoires et rapprochant les lèvres par les deux coins, le haut et le bas : O.
Monsieur Jourdain : O,O. Il n'y a rien de plus juste. A, E, I, O, I, O. Cela est admirable! I, O, I, O. (…)

Notons ceci : C'est du ridicule pur, le gros comique à la Molière, marqué par le contraste des techniques de prononciation et les mimiques exagérées de M. Jourdain.

Ensuite arrivent le maître tailleur et ses garçons qui habillent sur scène M. Jourdain selon un cérémonial brillant (deuxième intermède).

l'acte III

Dans l'acte III, qui est le plus long, toute l'action tourne autour de la question : Qui va bien pouvoir se marier à Lucile ?

Lorsque M. Jourdain veut montrer son nouvel habit en ville, Nicole, sa servante, se moque de lui. Madame Jourdain, sa femme, lui reproche de gaspiller son temps et son argent avec le comte Dorante et la marquise Dorimène au lieu de s'occuper du mariage de leur fille Lucile.

Notons : Nicole et Madame Jourdain, qui sont raisonnables et qui font preuve de bon sens, sont en contraste avec le personnage de Monsieur Jourdain qui ne porte aucun intérêt au destin et à l'avenir de sa fille.

Cléonte, soutenu par Madame Jourdain, vient demander la main de Lucile à M. Jourdain, mais il ne l'optient pas, car il n'est gentilhomme (acte III, scène 12).

TEXTE : Extrait de la scène 12 de l'acte III

Dans cette scène où se marque l'idée fixe de Monsieur Jourdain face à la sincérité d'un jeune homme amoureux, à la largeur de vues d'une mère sensée et à la logique campagnarde d'une servante.

Monsieur Jourdain. Touchez là, monsieur. Ma fille n'est pas pour vous.

Cléonte : Comment ?

Monsieur Jourdain : Vous n'êtes point gentilhomme, vous n'aurez pas ma fille.

Madame Jourdain : Que voulez-vous dire avec votre gentilhomme ? Est-ce que nous sommes, nous autres, de la côte de saint Louis ?

Monsieur Jourdain : Taisez-vous, ma femme, je vous vois venir.

…

Considérons l'intolérance de M. Jourdain comme un trait de caractère extrêmement négatif qui doit être combattu par tous les moyens si l'on veut que la comédie reste une comédie.

Comment s'y prend alors Molière ?

C'est alors le moment où Covielle propose à Cléonte le stratagème du déguisement en turc (acte III, scène 14). L'acte se termine par un nouvel intermède : le ballet des cuisiniers qui préparent un festin en l'honneur de la « belle marquise ».

Les deux derniers actes pourraient se résumer en :Turcs et turqueries et … tout est bien qui finit bien.

L'acte 4 :

Au début de l'acte IV paraît soudain un interprète turc (en réalité Covielle déguisé) qui annonce à M. Jourdain que le fils du Grand Turc (en réalité Cléonte), qui a vu Lucile, veut l'épouser sans délai, à condition que M. Jourdain devienne « Mamamouchi » (acte IV, scène 5).
La conséquence logique en est une cérémonie turque qui conclut l'acte IV et qui consiste, pour M. Jourdain, à recevoir des coups de bâton et de sabre.
C'est alors que les demandes en mariage se succèdent à un rythme effréné :
Tout d'abord, celle de Dorante à Dorimène ; ensuite, celle de Cléonte à Lucile ; enfin, celle de Covielle à Nicole.
La pièce se termine non seulement par un triple mariage mais encore par le ballet des nations, célébrant l'union entre l'Espagne, l'Italie et la France.

Maintenant que le rideau est tombé, passons à ma quatrième partie et considérons la pièce sous un autre aspect, à savoir celui de son actualité.

Partie 4 : L'actualité de la pièce
Tout d'abord, il faut mentionner qu'à cette époque, à Paris, les Turcs et les turqueries étaient à la mode.
Pourquoi me demanderez-vous ?

La réponse est donnée par Louis XIV lui-même qui a commandé cette « turquerie » pour se divertir et pour se venger d'un envoyé du sultan, qui était resté indifférent à la magnificence de la réception,.
De plus, en ce temps-là, on n'avait pas l'habitude de voir des gens habillés autrement que soi ou parlant d'autres langues. Si on rencontrait des étrangers, on était étonné et on se moquait facilement d'eux.

Considérons les 2 textes suivants :
Premier texte   1paragraph + traduction à lire

Deuxième texte : le Turc
(Textes : copie p. 146-147 ligne 31 à 49 ; (faire) lire le texte et la traduction copie scène 6 en entier p. 139; (faire) lire le texte)

Comme vous en êtes probablement conscientes, le « turc » parlé ici a un arrière-goût de pseudo-italien, respectivement de pseudo-turc mis dans la bouche de faux Turcs costumés pour l'occasion par Molière.
Bref : Molière était sûr de plaire au Roi et de faire rire les spectateurs en parodiant les Turcs sur scène.

Maintenant que nous avons prouvé l'actualité de la pièce en 1670, nous allons transposer le thème-clé de l'œuvre, c'est-à-dire la folie des grandeurs, à notre époque.

La question se pose: Qui pourrait être M. Jourdain de nos jours ? Il ce pourrait être le « nouveau riche » ou le « snob », par exemple, qui croit pouvoir tout acheter avec de l'argent, qui dépense son argent sans compter dans le but d'éblouir à tout prix et qui est très souvent la risée des autres.

Passons maintenant à la dernière partie qui servira de conclusion à ma présentation.

Partie 5 : Conclusion
Pour conclure, j'aimerais résumer les points principaux de la présentation que je viens de faire.

Qu'est-ce que Molière a voulu réaliser par « Le Bourgeois Gentilhomme » ?

Premièrement, « Le Bourgeois Gentilhomme » représentait par l'occasion de ces deux mots une provocation sous forme de critique sociale.
En mettant sur scène un bourgeois, certes enrichi par le commerce, aux facultés intellectuelles peu développées, et en plus d'une ambition démesurée, Molière savait que tous ses efforts pour accéder à un rang social supérieur étaient voués à l'échec.

Deuxièmement, cette œuvre, commandée par Louis XIV, visait directement les Turcs et voulait être en fait une vengeance personnelle du Roi qui désirait se moquer d'eux en public.

Troisièmement, la pièce voulait traiter un thème cher à Molière : celui d'un père intolérant qui veut imposer à sa fille un mariage qui servirait ses propres intérêts.

Quatrièmement, cette comédie-ballet voulait réaliser le grand but de Molière comédien, à savoir plaire et divertir, disons tout simplement : faire rire les spectateurs en ridiculisant à l'extrême le personnage principal, d'où les différents comiques.

Cinquièmement, ce chef-d'œuvre de Molière, qui, comme nous l'avons déjà dit plus haut, était d'une brûlante actualité à l'époque de Louis XIV, va au cours des siècles suivants, dans la personne du « parvenu », du « nouveau riche » ne rien perdre de son actualité.

J'aimerais terminer ma conclusion par cette phrase :
    La pièce était, est et sera toujours actuelle parce qu'il y avait, a et aura toujours des M. Jourdain sur notre terre.

SUR GRIN VOS CONNAISSANCES SE FONT PAYER

- Nous publions vos devoirs
  et votre thèse de bachelor et master

- Votre propre eBook et livre –
  dans tous les magasins principaux du monde

- Gagnez sur chaque vente

Téléchargez maintentant sur www.GRIN.com
et publiez gratuitement